DU 21 JUIN 1898

SUR LE

CODE RURAL

SUIVIE DE LA LOI DU 2 AOUT 1884

SUR LES

VICES RÉDHIBITOIRES

PARIS

Henri CHARLES-LAVAUZELLE

Éditeur militaire

10, Rue Danton, Boulevard Saint-Germain, 118

(MÊME MAISON A LIMOGES)

1902

LOI DU 21 JUIN 1898

SUR LE

CODE RURAL

SUIVIE DE LA LOI DU 2 AOUT 1884

SUR LES

VICES RÉDHIBITOIRES

PARIS

Henri CHARLES-LAVAUZELLE

Éditeur militaire

10, Rue Danton, Boulevard Saint-Germain, 118

(MÊME MAISON A LIMOGES)

—

1902

LOI DU 21 JUIN 1898

SUR LE CODE RURAL

(Livre III : de la Police rurale.
Titre 1ᵉʳ : Police administrative).

Le Sénat et la Chambre des députés ont adopté,

Le président de la République promulgue la loi dont la teneur suit :

TITRE Iᵉʳ

De la police rurale concernant les personnes, les animaux et les récoltes.

Art. 1ᵉʳ. — Les maires sont chargés, sous la surveillance de l'administration supérieure, d'assurer, conformément à la loi du 5 avril 1884, le maintien du bon ordre, de la sécurité et de la salubrité publiques, sauf dans les cas où cette attribution appartient aux préfets. Ils sont également chargés de l'exécution des actes de l'autorité supérieure relatifs à la police rurale.

CHAPITRE Ier

De la sécurité publique.

Art. 2. — Les maires veillent à tout ce qui intéresse et garantit la sécurité publique.

Ils doivent, par des précautions convenables, prévenir les accidents et les fléaux calamiteux, pourvoir d'urgence à toutes les mesures d'assistance et de secours et, s'il y a lieu, provoquer l'intervention de l'administration supérieure.

Art. 3. — Le maire peut prescrire la réparation ou la démolition des murs, bâtiments ou édifices quelconques longeant la voie ou la place publique, lorsqu'ils menacent ruine et qu'ils pourraient, par leur effondrement, compromettre la sécurité.

Art. 4. — Dans les cas prévus par l'article 3, l'arrêté prescrivant la réparation ou la démolition du bâtiment menaçant ruine est notifié au propriétaire, avec sommation d'avoir à effectuer les travaux dans un délai déterminé et, s'il conteste le péril, de faire commettre un expert chargé de procéder contradictoirement et au jour fixé par l'arrêté, à la constatation de l'état du bâtiment et de dresser rapport.

Si, au jour indiqué, le propriétaire n'a point fait cesser le péril et s'il n'a pas cru devoir désigner un expert, il sera passé outre à la visite par l'expert seul nommé par l'administration.

L'arrêté et les rapports d'experts sont transmis immédiatement au conseil de préfecture. Dans les huit jours qui suivent le dépôt au

greffe, le conseil, s'il y a désaccord entre les
deux experts, désigne un homme de l'art pour
procéder à la même opération.

Dans le cas d'une constatation unique, le
conseil de préfecture peut ordonner telles véri-
fications qu'il croit nécessaires.

Le conseil de préfecture, après avoir entendu
les parties dûment convoquées conformément
à la loi, statue sur le litige de l'expertise, fixe,
s'il y a lieu, le délai pour l'exécution des travaux ou pour la démolition; il peut autoriser
le maire à y faire procéder d'office et aux frais
du propriétaire, si cette exécution n'a point eu
lieu à l'époque prescrite.

Notification de l'arrêté du conseil est faite
au propriétaire par la voie administrative.

Recours contre la décision peut être porté
devant le conseil d'Etat.

Art. 5. — En cas de péril imminent, le maire,
après avertissement adressé au propriétaire,
provoque la nomination, par le juge de paix,
d'un homme de l'art, qui est chargé d'exami-
ner l'état des bâtiments dans les vingt-quatre
heures qui suivent sa nomination.

Si le rapport de cet expert constate l'urgence
ou le péril grave et imminent, le maire ordonne les mesures provisoires nécessaires pour
garantir la sécurité.

Dans le cas où ces mesures n'auraient point
été exécutées dans le délai imparti par la sommation, le maire a le droit de faire exécuter
d'office, et aux frais du propriétaire, les mesures indispensables.

Il est ensuite procédé conformément aux
dispositions édictées dans l'article précédent.

Art. 6. — Lorsque, à défaut du propriétaire, le maire a dû prescrire l'exécution des travaux, ainsi qu'il a été prévu aux articles 4 et 5, le montant des frais est avancé par la commune ; il est recouvré comme en matière de contributions directes.

Art. 7. — Dans le cas de danger grave et imminent, comme inondation, rupture de digues, incendie d'une forêt, avalanche, éboulements de terres ou de rochers, ou tout autre accident naturel, le maire prescrit l'exécution des mesures de sûreté exigées par les circonstances. Il informe d'urgence le préfet et lui fait connaître les mesures qu'il a prescrites.

Art. 8. — Le maire prescrit que le ramonage des fours, fourneaux et cheminées des maisons, des usines, etc., doit être effectué au moins une fois chaque année.

Il ordonne, s'il y a lieu, la réparation ou, en cas de nécessité, la démolition des fours, fourneaux et cheminées dont l'état de délabrement ferait craindre un incendie ou d'autres accidents.

Les règles prescrites par les articles 4, 5 et 6 sont applicables en cas de réparation ou de démolition.

Art. 9. — Le préfet, sur l'avis conforme du conseil général, peut interdire, dans l'étendue du département, l'emploi de certains matériaux pour la construction des bâtiments ou celle des toitures, ou prescrire les précautions qui devront être adoptées pour cette construction.

Art. 10. — Le préfet, sur l'avis du conseil général et des chambres consultatives d'agriculture, prescrit les précautions nécessaires pour écarter les dangers d'incendie et, notamment, l'interdiction d'allumer des feux dans les champs à moins d'une distance déterminée des bâtiments, vignes, vergers, haies, bois, bruyères, meules de grains, de paille, des dépôts régulièrement autorisés de bois et autres matières inflammables appartenant à autrui.

Il peut, sur l'avis du maire, lever temporairement l'interdiction, afin de permettre ou de faciliter certains travaux.

Art. 11. — Les maires peuvent prescrire que les meules de grains, de paille, de fourrage, etc.', seront placées à une distance déterminée des habitations et de la voie publique.

Art. 12. — Le préfet, après avis du conseil général et des chambres consultatives d'agriculture, détermine les mesures à prendre dans toute exploitation agricole où il est fait usage constant ou momentané d'appareils mécaniques, afin d'éviter les dangers spéciaux pouvant résulter de ces appareils, dangers d'incendie ou dangers concernant les personnes.

Art. 13. — Le maire peut prescrire aux propriétaires, usufruitiers, usagers, fermiers ou à tous autres possesseurs ou exploitants d'entourer d'une clôture suffisante les puits et les excavations présentant un danger pour la sécurité publique.

Art. 14. — Les animaux dangereux doivent être tenus enfermés, attachés, enchaînés et de manière qu'ils ne puissent causer aucun accident soit aux personnes, soit aux animaux domestiques.

Art. 15. — Lorsque des animaux errants

sans gardien, ou dont le gardien refuse de se faire connaître, sont trouvés pacageant sur des terrains appartenant à autrui, sur les accotements ou dépendances des routes, canaux, chemins ou sur des terrains communaux, le propriétaire lésé, ou son représentant, a le droit de les conduire ou de les faire conduire immédiatement au lieu de dépôt désigné par l'autorité municipale.

Le maire, s'il connaît le propriétaire responsable du dommage, lui en donne avis. Dans le cas contraire, il est procédé à la vente de ces animaux, conformément aux dispositions de l'article 1er du titre VI, livre Ier du code rural.

Lorsque les animaux errants qui causent le dommage sont des volailles, des oiseaux de basse-cour de quelque espèce que ce soit, ou des pigeons, le propriétaire, fermier ou métayer du champ envahi pourra les tuer, mais seulement sur le lieu, au moment où ils auront causé le dégât et sans pouvoir se les approprier.

Si, après un délai de vingt-quatre heures, celui auquel appartiennent les volailles tuées ne les a pas enlevées, le propriétaire, fermier ou métayer du champ envahi est tenu de les enfouir sur place.

Art. 16. — Les maires prennent toutes les mesures propres à empêcher la divagation des chiens; ils peuvent ordonner que les chiens seront tenus en laisse ou muselés. Ils prescrivent que les chien errants et tous ceux qui seraient trouvés sur la voie publique ou dans les champs non munis d'un collier portant le nom et le domicile de leur maître seront conduits à la fourrière et abattus après un délai de quarante-huit heures s'ils n'ont point été réclamés et si le propriétaire reste inconnu.

Le délai est porté à huit jours francs pour les chiens avec collier ou portant la marque de leur maître.

Les propriétaires, fermiers ou métayers ont le droit de saisir ou de faire saisir par le garde champêtre ou tout autre agent de la force publique les chiens que leurs maîtres laissent divaguer dans les bois, les vignes ou les récoltes. Les chiens saisis sont conduits au lieu de dépôt désigné par l'autorité communale, et si, dans les délais ci-dessus fixés, ces chiens n'ont point été réclamés, et si les dommages et les autres frais ne sont point payés, ils peuvent être abattus sur l'ordre du maire.

Art. 17. — Les maires prescrivent aux propriétaires de ruches toutes les mesures qui peuvent assurer la sécurité des personnes, des animaux, et aussi la préservation des récoltes et des fruits.

A défaut de l'arrêté préfectoral prévu par l'article 8 du livre Ier, titre IV, du code rural, les maires déterminent à quelle distance des habitations, des routes, des voies publiques les ruchers découverts doivent être établis.

Toutefois, ne sont assujettis à aucune prescription de distance les ruches isolées des propriétés voisines ou des chemins publics par un mur ou une palissade en planches jointes à hauteur de clôture.

CHAPITRE II

De la salubrité publique.

Art. 18. — Les maires sont chargés de veiller à tout ce qui intéresse la salubrité publique.

Ils assurent l'exécution des dispositions légales et réglementaires qui ont pour but de prévenir les maladies contagieuses ou épizootiques.

Ils doivent donner avis d'urgence au préfet de tout cas d'épidémie, de tout cas d'épizootie qui leur seraient signalés dans le territoire de la commune.

Ils peuvent prendre les mesures provisoires qu'ils jugent utiles pour arrêter la propagation du mal.

1re section. — Police sanitaire.

Art. 19. — En cas d'insalubrité constatée par le conseil d'hygiène et de salubrité de l'arrondissement, le maire ordonne la suppression des fosses à purin non étanches et puisards d'absorption.

Sur l'avis du même conseil, le maire peut interdire les dépôts de vidange ou de gadoue qui serait de nature à compromettre la salubrité publique.

Il détermine les mesures à prendre pour empêcher l'écoulement sur la voie publique des liquides provenant des dépôts de fumiers et des étables.

Les décisions des maires peuvent toujours être l'objet d'un recours au préfet.

Art 20. — Il est interdit de laisser écouler de répandre ou de jeter soit sur les places et voies publiques, soit dans les fontaines, dans les mares et abreuvoirs, soit sur les lieux de marchés ou de rassemblements d'hommes ou d'animaux, des substances susceptibles de nuire à la salubrité publique.

Art. 21. — Les maires surveillent, au point de vue de la salubrité, l'état des ruisseaux, rivières, étangs, mares ou amas d'eau. Les questions ralatives à la police des eaux restent réglées par les dispositions des titres II et V du livre II du code rural sur le régime des eaux.

Art. 22. — Le maire doit ordonner les mesures nécessaires pour assurer l'assainissement et, s'il y a lieu, après avis du conseil municipal, la suppression des mares communales placées dans l'intérieur des villages ou dans le voisinage des habitations, toutes les fois que ces mares compromettent la salubrité publique.

A défaut du maire, le préfet peut, sur l'avis du conseil d'hygiène et après enquête *de commodo et incommodo*, décider la suppression immédiate de ces mares, ou prescrire, aux frais de la commune, les travaux reconnus utiles.

La dépense est comprise parmi les dépenses obligatoires prévues à l'article 136 de la loi du 5 avril 1884.

Art. 23. — Le maire prescrit aux propriétaires de mares ou fossés à eau stagnante établis dans le voisinage des habitations d'avoir soit à les supprimer, soit à exécuter les travaux, ou à prendre toutes les mesures nécessaires pour cesser toutes causes d'insalubrité.

En cas de refus ou de négligence, le maire dénonce à l'administration préfectorale l'état d'insalubrité constatée.

Le préfet, après avis dû conseil d'hygiène et du service hydraulique, peut ordonner la suppression de la mare dangereuse ou prescrire que les travaux reconnus nécessaires seront exécutés d'office aux frais du propriétaire, après mise en demeure préalable.

Le montant de la dépense est recouvré comme en matière de contributions directes, sur un rôle rendu exécutoire par le préfet.

Art. 24. — Le préfet peut interdire la vidange des étangs et autres amas d'eau non courante dans le cas et dans les lieux où cette opération serait de nature à compromettre la salubrité publique.

Art. 25. — Il est interdit de faire rouir du chanvre ou du lin, ou toutes autres plantes textiles dans les abreuvoirs et lavoirs publics.

Le préfet peut réglementer ou même interdire la rouissage des plantes textiles dans les eaux courantes et dans les étangs. Cette interdiction n'est prononcée qu'après avis du conseil d'hygène et de salubrité.

Les routoirs agricoles, c'est-à-dire ceux exclusivement destinés à l'usage des cultivateurs, ne sont point, comme les routoirs industriels, assujettis aux prescriptions des décrets des 15 octobre 1810 et 31 décembre

1866, relatifs aux établissements insalubres.

Toutefois, le préfet peut ordonner, sur la demande du conseil municipal ou des propriétaires voisins, la suppression de tout routoir établi à proximité des habitations et dont l'insalubrité serait constatée.

Le maire peut désigner, par un arrêté, les lieux où les routoirs publics seront établis, ainsi que la distance à observer dans le choix des emplacements destinés au séchage des plantes textiles après le rouissage.

Art. 26. — Le président de la République peut, par décret rendu en la forme des règlements d'administration publique, interdire les cultures qui pourraient être nuisibles à l'hygiène et à la salubrité publiques, ou ne les autoriser que dans des conditions déterminées.

Art. 27. — La chair des animaux morts d'une maladie quelle qu'elle soit ne peut être vendue et livrée à la consommation.

Tout propriétaire d'un animal mort de maladie non contagieuse est tenu, soit de le faire transporter dans les vingt-quatre heures à un atelier d'équarrissage régulièrement autorisé, soit, dans le même délai, de le détruire par un procédé chimique ou par combustion, soit de le faire enfouir dans une fosse située autant que possible à 100 mètres des habitations, et de telle sorte que le cadavre soit recouvert d'une couche de terre ayant au moins 1 mètre d'épaisseur.

Il est défendu de jeter des bêtes mortes dans les bois, dans les rivières, dans les mares ou à la voirie et de les enterrer dans les étables, dans les cours attenant à une habitation ou à

(*)

proximité des puits, des fontaines et abreuvoirs publics.

Art. 28. — Le maire fait livrer à un atelier d'équarrissage régulièrement autorisé, ou enfouir, ou détruire par un procédé chimique, ou par combustion, le corps de tout animal trouvé mort sur le territoire de la commune et dont le propriétaire, après un délai de douze heures, reste inconnu.

2ᵉ section. — Police sanitaire des animaux.

Art. 29. — Les maladies réputées contagieuses et qui donnent lieu à déclaration et à l'application des mesures de police sanitaire ci-après sont :

La rage dans toutes les espèces ;

La peste bovine dans toutes les espèces de ruminants ;

La péripneumonie contagieuse, le charbon emphysémateux ou symptomatique et la tuberculose dans l'espèce bovine ;

La clavelée et la gale dans les espèces ovine et caprine ;

La fièvre aphteuse dans les espèces bovine, ovine, caprine et porcine ;

La morve et le farcin, la dourine dans les espèces chevaline, asine et leurs croisements ;

La fièvre charbonneuse ou sang de rate dans les espèces chevaline, bovine, ovine et caprine ;

Le rouget, la pneumoentérite infectieuse dans l'espèce porcine.

Art. 30. — Un décret du président de la République, rendu sur le rapport du ministre de l'agriculture, après avis du comité consultatif des épizoties, pourra ajouter à la nomenclature des maladies réputées contagieuses dans chacune des espèces d'animaux énoncées ci-dessus toutes autres maladies contagieuses dénommées ou qui prendraient un caractère dangereux.

Les mesures de police sanitaire pourront être étendues, par un décret rendu dans la même forme, aux animaux d'espèces autres que celles ci-dessus désignées.

Art. 31. — Tout propriétaire, toute personne ayant, à quelque titre que ce soit, la charge des soins ou la garde d'un animal atteint ou soupçonné d'être atteint de l'une des maladies contagieuses prévues par les articles 29 ou 30, est tenu d'en faire immédiatement la déclaration au maire de la commune où se trouve l'animal.

L'animal atteint ou soupçonné d'être atteint d'une maladie contagieuse doit être immédiatement, et avant même que l'autorité administrative ait répondu à l'avertissement, séquestré, séparé et maintenu isolé autant que possible des autres animaux susceptibles de contracter cette maladie.

La déclaration et l'isolement sont obligatoires pour tout animal mort d'une maladie contagieuse, ou soupçonnée contagieuse, ainsi que pour tout animal abattu, en dehors des cas prévus par le présent titre, qui, à l'ouverture du cadavre, est reconnu atteint ou suspect d'une maladie contagieuse.

Sont également tenus de faire la déclaration tous vétérinaires appelés à visiter l'animal vivant ou mort.

Il est interdit de transporter l'animal ou le cadavre avant que le vétérinaire sanitaire l'ait examiné. La même interdiction est applicable à l'enfouissement, à moins que le maire, en cas d'urgence, n'en ait donné l'autorisation spéciale.

Art. 32. — Le maire doit, dès qu'il a été prévenu, s'assurer de l'accomplissement des prescriptions contenues dans l'article précédent et y pourvoir d'office, s'il y a lieu.

Aussitôt que la déclaration prescrite par l'article précédent a été faite, ou, à défaut de déclaration, dès qu'il a connaissance de la maladie, le maire fait procéder sans retard par le vétérinaire sanitaire à la visite de l'animal ou à l'autopsie du cadavre.

Ce vétérinaire constate et au besoin prescrit la complète exécution des dispositions de l'article 31 et les mesures de désinfection immédiatement nécessaires.

Il donne d'urgence communication au maire des mesures qu'il a prescrites et, dans le plus bref délai, il adresse son rapport au préfet.

Art. 33. — Après la constatation de la maladie, le préfet statue sur les mesures à mettre à exécution dans le cas particulier.

Il prend, s'il est nécessaire, un arrêté portant déclaration d'infection.

Cette déclaration peut entraîner, dans le périmètre qu'elle détermine, l'application des mesures suivantes :

1° L'isolement, la séquestration, la visite, le

recensement et la marque des animaux et troupeaux dans ce périmètre ;

2° La mise en interdit de ce même périmètre ;

3° L'interdiction momentanée ou la réglementation des foires et marchés, du transport et de la circulation du bétail ;

4° La désinfection des écuries, étables, voitures ou autres moyens de transport, la désinfection ou même la destruction des objets à l'usage des animaux malades ou qui ont été souillés par eux, et généralement des objets quelconques pouvant servir de véhicules à la contagion.

Un règlement d'administration publique détermine celles de ces mesures qui sont applicables suivant la nature des maladies.

Art. 34. — Lorsqu'un arrêté du préfet a constaté l'existence de la peste bovine dans une commune, les animaux qui en sont atteints et ceux de l'espèce bovine qui auraient été contaminés, alors même qu'ils ne présenteraient aucun signe apparent de maladie, sont abattus par ordre du maire, conformément à la proposition du vétérinaire sanitaire et après évaluation.

Il est interdit de suspendre l'exécution desdites mesures pour traiter les animaux malades, sauf dans les cas et sous les conditions qui seraient spécialement déterminées par le ministère de l'agriculture, sur l'avis du comité consultatif des épizooties.

Art. 35. — Dans le cas prévu par l'article précédent, les animaux malades sont abattus sur place, ou sur le lieu d'enfouissement si le transport du cadavre est déclaré par le vétérinaire plus dangereux que celui de l'animal vivant ; le transport en vue de l'abatage peut être autorisé par le maire, conformément à l'avis du vétérinaire sanitaire, pour ceux qui ont été seulement contaminés.

Les animaux des espèces ovine et caprine qui ont été exposés à la contagion sont isolés et soumis aux mesures sanitaires déterminées par le règlement d'administration publique rendu pour l'exécution de la loi.

Art. 36. — Dans les cas de morve et de farcin, de tuberculose dûment constatés, les animaux doivent être abattus sur ordre du maire.

Quand il y a contestation sur la nature de la maladie entre le vétérinaire sanitaire et le vétérinaire que le propriétaire aurait fait appeler, le préfet désigne un troisième vétérinaire, conformément au rapport duquel il est statué.

Art. 37. — Dans le cas de péripneumonie contagieuse, le préfet ordonne, dans le délai de deux jours après la constatation de la maladie par le vétérinaire délégué, l'abatage des animaux malades et l'inoculation des animaux d'espèce bovine dans le périmètre déclaré infecté.

L'inoculation n'est pas obligatoire pour les animaux que le propriétaire prend l'engagement de livrer à la boucherie dans un délai maximum de vingt et un jours à partir de la date de l'arrêté de déclaration d'infection.

Le ministre de l'agriculture a le droit d'ordonner l'abatage des animaux d'espèce bovine ayant été dans la même étable, ou dans le même troupeau, ou en contact avec des animaux atteints de péripneumonie contagieuse.

Art. 38. — La rage, lorsqu'elle est constatée chez des animaux de quelque espèce qu'ils soient, entraîne l'abatage, qui ne peut être différé sous aucun prétexte.

Les chiens et les chats suspects de rage doivent être immédiatement abattus. Le propriétaire de l'animal suspect est tenu, même en l'absence d'un ordre des agents de l'administration, de pourvoir à l'accomplissement de cette prescription.

Art. 39. — Dans les épizooties de clavelée, lorsque le propriétaire d'un troupeau infecté ne fera pas claveliser les animaux de ce troupeau, le préfet pourra, par arrêté pris sur l'avis du vétérinaire délégué, ordonner l'exécution de cette mesure.

En dehors de cas d'épizootie, la clavelisation des troupeaux sains ne doit pas être exécutée sans autorisation du préfet, qui prend alors un arrêté de déclaration d'infection.

Art. 40. — L'exercice de la médecine vétérinaire dans les maladies contagieuses des animaux est interdit à quiconque n'est pas pourvu du diplôme de vétérinaire.

Art. 41. — L'exposition, la vente ou la mise en vente des animaux atteints ou soupçonnés d'être atteints de maladie contagieuse sont interdites.

Le propriétaire ne peut s'en dessaisir que dans les conditions déterminées par le règlement d'administration publique prévu à l'article 33.

Ce règlement fixera, pour chaque espèce d'animaux et de maladies, le temps pendant lequel l'interdiction de vente s'appliquera aux animaux qui ont été exposés à la contagion.

Art. 42. — La chair des animaux morts de maladies contagieuses quelles qu'elles soient, ou abattus comme atteints de la peste bovine, de la morve ou farcin, des maladies charbonneuses, du rouget et de la rage, ne peut être livrée à la consommation.

Les cadavres des animaux morts ou abattus comme atteints de maladies contagieuses doivent, au plus tard dans les vingt-quatre heures, être détruits par un procédé chimique ou par combustion, ou enfouis préalablement recouverts de chaux vive, et de telle sorte que la couche de terre au-dessus du cadavre ait au moins 1 mètre d'épaisseur.

Les cadavres des animaux morts de maladies charbonneuses, ceux des animaux morts ou ayant été abattus comme atteints de peste bovine, ne peuvent être enfouis qu'avec la peau tailladée.

Les conditions dans lesquelles devront être exécutés le transport, la destruction ou l'enfouissement des cadavres sont déterminées par le règlement d'administration publique prévu à l'article 33.

Art. 43. — Lorsque des animaux ont dû être abattus comme atteints de péripneumonie contagieuse, de tuberculose et de pneumoentérite infectieuse, la chair ne pourra être livrée à la consommation qu'en vertu d'une autorisation spéciale du maire, sur l'avis conforme, écrit et motivé, délivré par le vétérinaire sanitaire.

Toutefois, les poumons et autres viscères de ces animaux devront être détruits ou enfouis, en observant les précautions ordonnées par l'article précédent.

Le maire adresse immédiatement au préfet copie de l'autorisation qu'il a accordée ; il y joint un duplicata de l'avis formulé par le vétérinaire sanitaire et l'attestation que les poumons et autres viscères ont été détruits ou enfouis en sa présence ou en présence de son délégué.

Le règlement prévu par l'article 33 spécifiera les cas dans lesquels la chair des animaux atteints des maladies ci-dessus pourra être livrée à la consommation.

Art. 44. — La chair des animaux abattus comme ayant été en contact avec des animaux atteints de la peste bovine ne peut être livrée à la consommation que sur l'avis du vétérinaire sanitaire ; dans tous les cas, leurs peaux, abats et issues ne peuvent être enlevés du lieu de l'abatage qu'après avoir été désinfectés dans les conditions prescrites par le règlement d'administration publique.

Art. 45. — Tout entrepreneur de transport par terre ou par eau qui aura transporté des animaux est tenu, en tout temps, de désinfecter, dans les conditions prescrites par le règlement d'administration publique, les véhicules qui auront servi à cet usage, ainsi que les étables, les écuries, quais et cours où les animaux ont séjourné.

Art. 46. — Il est alloué aux propriétaires des animaux abattus pour cause de peste bovine, en vertu de l'article 34, une indemnité des trois quarts de leur valeur avant la maladie.

Il est alloué aux propriétaires des animaux abattus pour cause de péripneumonie contagieuse ou morts par suite de l'inoculation, dans les conditions prévues par l'article 37, une indemnité ainsi réglée :

La moitié de leur valeur avant la maladie, s'ils en sont reconnus atteints ;

Les trois quarts, s'ils ont seulement été contaminés ;

La totalité, s'ils sont morts des suites de l'inoculation.

L'indemnité à accorder ne peut dépasser la somme de 400 francs pour la moitié de la valeur de l'animal, celle de 600 francs pour les trois quarts, et celle de 800 francs pour la totalité de sa valeur.

Art. 47. — Il n'est alloué aucune indemnité aux propriétaires d'animaux importés des pays étrangers, abattus pour cause de péripneumonie contagieuse dans les trois mois qui ont suivi leur introduction en France.

Art. 48. — Lorsque l'emploi des débris d'un animal abattu pour cause de peste bovine ou de péripneumonie contagieuse a été, conformément à l'article 43 ou à l'article 44, autorisé pour la consommation ou usage industriel, le propriétaire est tenu de déclarer le produit de la vente de ces débris.

Ce produit appartient au propriétaire ; s'il est supérieur à la portion de la valeur laissée à sa charge, l'indemnité due par l'Etat est réduite de l'excédent.

Art. 49. — Avant l'exécution de l'ordre d'abatage, il est procédé à une évaluation des animaux par le vétérinaire délégué et **un expert** désigné par la partie.

A défaut, par la partie, de désigner un expert, le vétérinaire délégué opère seul.

Il est dressé un procès-verbal de l'expertise; le maire le contresigne et donne son avis.

Art. 50. — La demande d'indemnité doit être adressée au ministre de l'agriculture, dans le délai de trois mois à dater du jour de l'abatage, sous peine de déchéance.

Le ministre peut ordonner la revision des évaluations faites en vertu des articles 46 et 49, par une commission dont il désigne les membres.

L'indemnité est fixée par le ministre, sauf recours au conseil d'Etat.

Art. 51. — Toute infraction aux dispositions relatives à la police sanitaire prescrites par le présent titre et aux règlements rendus pour leur exécution peut entraîner la perte de l'indemnité prévue par l'article 46.

La décision appartient au ministre, sauf recours au conseil d'Etat.

Art. 52. — Il n'est alloué aucune indemnité aux propriétaires d'animaux abattus par suite de maladie contagieuse autre que la peste bovine ou la péripneumonie contagieuse, dans les conditions spéciales visées aux articles 34 et 37, et la tuberculose bovine dans les conditions ci-dessous :

Dans le cas de saisie de viande pour cause de tuberculose, des indemnités seront accordées aux propriétaires qui se seront conformés aux prescriptions des lois et règlements sur la police sanitaire.

Le montant de cette indemnite sera réglé conformément aux proportionnalités établies dans la loi de finances de l'exercice 1898.

Art. 53. — En cas d'épizooties, et à defaut des propriétaires, le maire désigne un enclos dans lequel devront être portés et enfouis, dans les conditions prescrites par les deuxième et troisième paragraphes de l'article 42, tous les cadavres des animaux contaminés.

Art. 54. — Il est défendu de faire paître aucun animal sur le terrain d'enfouissement affecté aux cadavres des animaux morts de maladie contagieuse ou de livrer à la consommation les fourrages qui pourraient y être récoltés.

3ᵉ section. — Importation et exportation des animaux

Art. 55. — Les animaux des espèces chevaline, asine, bovine, ovine, caprine et porcine sont soumis, en tout temps, aux frais des importateurs, à une visite sanitaire au moment de leur entrée en France, soit par terre, soit par mer.

La même mesure peut être appliquée aux animaux des autres espèces lorsqu'il y a lieu de craindre, par suite de leur introduction, l'invasion d'une maladie contagieuse.

Art. 56. — Les bureaux de douane et ports de mer ouverts à l'importation des animaux soumis à la visite sont déterminés par décret.

Art. 57. — Le gouvernement peut prohiber

l'entrée en France, ou ordonner la mise en quarantaine des animaux susceptibles de communiquer une maladie contagieuse, ou tous les objets pouvant présenter le même danger.

Il peut, à la frontière, prescrire l'abatage, sans indemnité, des animaux malades ou ayant été exposés à la contagion, et enfin prendre toutes les mesures que la crainte de l'invasion d'une maladie rendrait nécessaires.

Art. 58. — Les mesures sanitaires à prendre à la frontière sont ordonnées par les maires dans les communes rurales, par les commissaires de police dans les gares frontières et dans les ports de mer, conformément à l'avis du vétérinaire désigné par l'administration pour la visite du bétail.

En attendant l'intervention de ces autorités, les agents des douanes peuvent être requis de prêter main-forte.

Art. 59. — Dans les ports de mer ouverts à l'importation du bétail, il sera établi des quais spéciaux de débarquement, munis des agrès nécessaires, ainsi que des locaux destinés à recevoir les animaux mis en quarantaine par mesure sanitaire.

Les installations prévues au paragraphe précédent seront préalablement soumises à l'agrément du ministre de l'agriculture.

Pour couvrir les dépenses de ces installation, il pourra être perçu des taxes spéciales sur les animaux importés.

Art. 60. — Le gouvernement est autorisé à prescrire à la sortie les mesures nécessaires pour empêcher l'exportation des animaux atteints de maladies contagieuses.

Art. 61. — Les frais d'abatage, d'enfouissement, de transport, de quarantaine, de désinfection, ainsi que tous autres frais auxquels peut donner lieu l'exécution des mesures sanitaires prescrites, sont à la charge des propriétaires ou conducteurs d'animaux.

En cas de refus des propriétaires ou conducteurs d'animaux de se conformer aux injonctions de l'autorité administrative, il y est pourvu d'office à leur compte.

Les frais de ces opérations seront recouvrés sur un état dressé par le maire et rendu exécutoire par le préfet. Les oppositions seront portées devant le juge de paix.

La désinfection des wagons de chemins de fer, prescrite par l'article 45, a lieu par les soins des compagnies ; les frais de cette désinfection sont fixés par le ministre des travaux publics, les compagnies entendues.

Art. 62. — Un service des épizooties est établi dans chacun des départements, en vue d'assurer l'exécution de toutes les prescriptions de police sanitaire des animaux.

Les frais de ce service seront compris parmi les dépenses obligatoires à la charge des budgets départementaux et assimilés aux dépenses classées sous les paragraphes 1 à 4 de l'article 60 de la loi du 10 août 1871.

Art. 63. — Les communes dans lesquelles il existe des foires et marchés aux chevaux ou aux bestiaux, des abattoirs ou des clos d'équarrissage, seront tenues de préposer à leurs frais, et sauf à se rembourser par l'établissement d'une taxe sur les animaux amenés, un ou plusieurs vétérinaires pour l'inspection sanitaire des animaux qui y sont conduits.

Cette dépense est obligatoire pour la commune.

Art. 64. — Un règlement d'administration publique détermine l'organisation du comité consultatif des épizooties institué auprès du ministre de l'agriculture.

Les renseignements recueillis par le ministre au sujet des épizooties sont communiqués au comité, qui donne son avis sur les mesures que peuvent exiger ces maladies.

CHAPITRE III

De la protection des animaux domestiques.

Art. 65. — Il est interdit d'exercer abusivement des mauvais traitements envers les animaux domestiques.

Art. 66. — Tout entrepreneur de transport par terre ou par eau doit pourvoir, toutes les douze heures au moins, à l'abreuvement et à l'alimentation des animaux confiés à sa garde.

Si les animaux transportés sont accompagnés d'un gardien, l'entrepreneur est tenu de fournir gratuitement les seaux, auges et autres ustensiles pour permettre l'alimentation et l'abreuvement, et aussi l'eau nécessaire.

Les transports par chemins de fer restent d'ailleurs soumis aux règlements arrêtés par le ministre des travaux publics, après avis du ministre de l'agriculture, les compagnies entendues. Ces règlements déterminent les obligations des compagnies et la rémunération qui peut leur être due.

Art. 67. — Indépendamment des mesures locales prises par les maires, le préfet prescrit, pour l'ensemble des communes du département, les précautions à prendre pour la conduite et le transport à l'abattoir ou pour l'abatage des animaux.

Art. 68. — Les maires veillent à ce que, aussitôt après chaque tenue de foire ou de marché, le sol des halles, des marchés, des champs de foire, celui des hangars et étables, des parcs de comptage, la plate-forme des ponts à bascule et tous autres emplacements où les bestiaux ont stationné, ainsi que les lisses, les boucles d'attachement et toutes parties en élévation qu'ils ont pu souiller, soient nettoyés et désinfectés.

Art. 69. — Les marchés, halles, stations d'embarquement ou de débarquement, les auberges, écuries, vacheries, bergeries, chenils et autres lieux ouverts au public, gratuitement ou non, pour la vente, l'hébergement, le stationnement ou le transport des animaux domestiques, sont soumis à l'inspection du vétérinaire sanitaire.

A cet effet, tous propriétaires, locataires ou exploitants, ainsi que tous régisseurs ou préposés à la garde et à la surveillance de ces établissements, sont tenus de laisser pénétrer le vétérinaire sanitaire en vue d'y faire telles constatations qu'il juge nécessaires.

Si la visite a lieu après le coucher du soleil, le vétérinaire sanitaire devra être accompagné du maire ou du représentant de la police locale.

Un arrêté du ministre des travaux publics, après entente avec le ministre de l'agriculture, fixera les conditions dans lesquelles devra s'effectuer, dans les gares des chemins de fer, la surveillance du service sanitaire.

Art. 70. — Le vétérinaire sanitaire, au cas où il trouve les locaux insalubres pour les animaux domestiques, indique les mesures à prendre; en cas d'inexécution, il adresse au maire et au préfet un rapport dans lequel il fait connaître les mesures de désinfection et de nettoyage qu'il a recommandées et qu'il juge utiles pour y remédier.

Le préfet peut ordonner aux frais de qui de droit, et dans un délai qu'il détermine, l'exécution de ces mesures.

En cas d'urgence, le maire peut prescrire des mesures provisoires.

Art. 71. — Lorsqu'un champ de foire ou un autre emplacement communal destiné à l'exposition en vente des bestiaux aura été reconnu insalubre, le vétérinaire délégué adresse un rapport au maire et au préfet, et le maire prescrit l'exécution des mesures de nettoyage et de désinfection indiquées.

A défaut du maire, le préfet peut, après mise en demeure, conformément à l'article 99 de la loi municipale, ordonner l'interdiction du champ de foire, ou prescrire, aux frais de la commune, les mesures indispensables à faire cesser les causes d'insalubrité pour les animaux domestiques.

Le préfet invite le conseil municipal à voter

la dépense nécessitée par l'exécution de ces mesures. Il peut, s'il y a lieu, inscrire d'office au budget communal un crédit d'égale somme.

Art. 72. — A dater du jour où l'arrêté du préfet ou du maire est signifié à la partie intéressée jusqu'à celui où les mesures prescrites sont exécutées, l'usage des locaux dont l'insalubrité a été constatée est interdit.

CHAPITRE IV

De la police rurale concernant les récoltes.

Art. 73. — Les maires sont chargés de la police rurale concernant les récoltes.

Ils assurent l'exécution des prescriptions relatives à la destruction des animaux, des insectes et des végétaux nuisibles à l'agriculture.

Ils font constater par les gardes champêtres et tous autres agents sous leurs ordres les délits et les contraventions aux lois et aux règlements ayant pour but la protection des récoltes.

Art. 74. — Il est défendu de supprimer, de déplacer les bornes, les pieds corniers ou autres arbres plantés ou reconnus pour établir les limites entre les héritages; de recombler les fossés séparatifs, de dégrader les clôtures et les haies limitant la propriété d'autrui.

Il est interdit, sur la propriété d'autrui, de couper des branches dans les haies vives, d'enlever les bois secs des haies, de couper, de mutiler, de détériorer ou d'écorcer les arbres plantés dans les champs, dans les vignes, dans les bois, ou le long des routes et des chemins, de détruire les greffes des arbres fruitiers.

Il est interdit de dégrader les chemins, de déclore les héritages et de passer à travers les récoltes, de quelque nature qu'elles soient.

Art. 75. — Le glanage, le grapillage, même dans les contrées où les usages locaux les ont établis, sont interdits dans tout enclos.

Les grapilleurs ou les glaneurs ne peuvent entrer dans les vignes et dans les champs ouverts que pendant le jour et après complet enlèvement des récoltes.

Art. 76. — Les préfets prescrivent les mesures nécessaires pour arrêter ou prévenir les dommages causés à l'agriculture par des insectes, des cryptogames ou autres végétaux nuisibles, lorsque ces dommages prennent ou peuvent prendre un caractère envahissant ou calamiteux.

L'arrêté n'est pris par le préfet qu'après avis du conseil général du département et de la chambre consultative d'agriculture, à moins qu'il ne s'agisse de mesure urgentes et temporaires.

Il détermine l'époque à laquelle il devra être procédé à l'exécution des mesures, les localités dans lesquelles elles seront applicables, ainsi que les modes spéciaux à employer.

. L'arrêté n'est exécutoire, dans tous les cas, qu'après l'approbation du ministre de l'agriculture, qui prend, sur les procédés à appliquer, l'avis de la commission technique.

Art. 77. — Les propriétaires, les fermiers, les colons ou métayers, ainsi que les usufruitiers et les usagers, sont tenus d'exécuter sur les immeubles qu'ils possèdent et cultivent, ou dont ils ont la jouissance et l'usage, les mesures prescrites par l'arrêté préfectoral. Toutefois, dans les bois et forêts, ces mesures ne sont applicables qu'à une lisière de 30 mètres.

Ils doivent ouvrir leurs terrains, pour permettre la vérification ou la destruction, à la réquisition des agents.

L'Etat, les départements, les communes sont astreints, pour leur domaine public et privé, aux mêmes obligations que les particuliers.

Il en est de même des établissements publics pour leurs propriétés.

Art. 78. — En cas d'inexécution par des particuliers ou des établissements publics, dans les délais fixés, des mesures prescrites, procès-verbal est dressé par le maire, l'officier de gendarmerie, le commissaire de police, le garde forestier ou le garde champêtre, et le contrevenant est cité devant le juge de paix.

La citation sera donnée par lettre recommandée ou par le garde champêtre.

Les parties pourront comparaître volontairement et sur un simple avertissement du juge de paix.

Les délais fixés par l'article 146 du code d'instruction criminelle seront observés.

Le juge de paix pourra ordonner l'exécution provisoire de son jugement, nonobstant opposition ou appel sur minute et avant enregistrement.

Art. 79. — A défaut d'exécution dans le délai imparti par le jugement, il est procédé à l'exécution d'office, aux frais des contrevenants, par les soins du maire ou du commissaire de police.

Le recouvrement des dépenses ainsi faites est opéré comme en matière de contributions directes, sur un rôle rendu exécutoire par le préfet.

Art. 80. — Lorsque l'échenillage ou la destruction des insectes nuisibles et la destruction des cryptogames et végétaux nuisibles doivent être opérés sur des biens appartenant à l'Etat, aux départements ou aux communes, et ne l'ont pas été dans les délais imposés, il y est procédé d'office, aux frais de qui il appartient par les ordres du préfet.

Art. 81. — L'entrée en France des végétaux, fleurs, feuilles, terres, composts et objets quelconques susceptibles de servir à l'introduction d'animaux, de larves, de plantes ou de cryptogames reconnus dangereux, peut être interdite par décret.

L'interdiction peut être étendue à la détention et au transport de ces animaux, larves, plantes ou cryptogames.

Les dispositions des lois et règlements spéciaux concernant la destruction du phylloxera et celle du doryphora restent d'ailleurs maintenues.

Art. 82. — Des arrêtés du ministre de l'agriculture règlent les conditions sous lesquelles peuvent entrer et circuler en France les végétaux, fleurs, feuilles, terres, composts et objets soupçonnés dangereux, et provenant des pays étrangers ou des parties du territoire français déjà envahies et auxquelles ne s'appliquent pas les décrets d'interdiction.

La présente loi, délibérée et adoptée par le Sénat et par la Chambre des députés, sera exécutée comme loi d'Etat.

Fait à Paris, le 21 juin 1898.

FELIX FAURE.

Par le président de la République :

Le président du conseil
ministre de l'agriculture.
Jules MÉLINE.

LOI DU 2 AOUT 1884

SUR LES VICES RÉDHIBITOIRES

Art. 1er. L'action en garantie, dans les ventes ou échanges d'animaux domestiques, sera régie, à défaut de conventions contraires, par les dispositions suivantes, sans préjudice des dommages et intérêts qui peuvent être dus, s'il y a dol.

Art. 2. Sont réputés vices rédhibitoires et donneront seuls ouverture aux actions résultant des articles 1641 et suivants du Code civil, sans distinction des localités où les ventes et échanges auront lieu, les maladies ou défauts ci-après, savoir :

Pour le cheval, l'âne et le mulet : l'immobilité, l'emphysème pulmonaire, le cornage chronique, le tic proprement dit, avec ou sans usure des dents, les boiteries intermittentes, la fluxion périodique des yeux.

Pour l'espèce porcine : la ladrerie.

Art. 3. L'action en réduction de prix, autorisée par l'article 1644 du Code civil, ne pourra être exercée dans des ventes et échanges d'animaux énoncés à l'article précédent, lorsque le vendeur offrira de reprendre l'animal vendu, en restituant le prix et en remboursant à l'acquéreur les frais occasionnés par la vente.

Art. 4. Aucune action en garantie, même en réduction de prix, ne sera admise pour les ventes ou pour les échanges d'animaux domestiques, si le prix en cas de vente, ou la valeur en cas d'échange, ne dépasse pas 100 francs.

Art. 5. Le délai pour intenter l'action rédhibitoire sera de neuf jours francs, non compris le jour fixé pour la livraison, excepté pour la fluxion périodique pour laquelle ce délai sera toujours de trente jours francs, non compris le jour fixé pour la livraison.

Art. 6. Si la livraison de l'animal a été effectuée hors du lieu du domicile du vendeur ou si, après la livraison et dans le délai ci-dessus, l'animal a été conduit hors du lieu du domicile du vendeur, le délai pour intenter l'action sera augmenté à raison de la distance, suivant les règles de la procédure civile.

Art. 7. Quel que soit le délai pour intenter l'action, l'acheteur, à peine d'être non recevable, devra provoquer, dans les délais de l'article 5, la nomination d'experts chargés de dresser procès-verbal ; la requête sera présentée, verbalement ou par écrit, au juge de paix du lieu où se trouve l'animal ; ce juge constatera dans son ordonnance la date de la requête et nommera immédiatement un ou trois experts qui devront opérer dans le plus bref délai. Ces experts vérifieront l'état de l'animal, recueilleront tous les renseignements utiles, donneront leur avis, et, à la fin de leur procès-verbal, affirmeront par serment la sincérité de leurs opérations.

Art. 8. Le vendeur sera appelé à l'expertise, à moins qu'il n'en soit autrement ordonné par le juge de paix, à raison de l'urgence et de l'éloignement. La citation à l'expertise devra être donnée au vendeur dans les délais déterminés par les articles 5 et 6 ; elle énoncera qu'il sera procédé même en son absence. Si le vendeur a été appelé à l'expertise, la demande pourra être signifiée dans les trois jours à compter de la clôture du procès-verbal dont copie sera signifiée en tête de l'exploit. Si le vendeur n'a pas été appelé à l'expertise, la demande devra être faite dans les délais fixés par les articles 5 et 6.

Art. 9. La demande est portée devant les tribunaux compétents suivant les règles ordinaires du droit. Elle est dispensée de tout préliminaire de conciliation, et devant les tribunaux civils elle est instruite et jugée comme matière sommaire.

Art. 10. Si l'animal vient à périr, le vendeur ne sera pas tenu de la garantie, à moins que l'acheteur n'ait intenté une action régulière dans le délai légal et ne prouve que la perte de l'animal provient de l'une des maladies spécifiées dans l'article 2.

Art. 11. Le vendeur sera dispensé de la garantie résultant de la morve ou du farcin pour le cheval, l'âne et le mulet, et de la clavelée pour l'espèce ovine, s'il prouve que l'animal, depuis la livraison, a été mis en contact avec des animaux atteints de ces maladies.

Art. 12. Sont abrogés tous règlements imposant une garantie exceptionnelle aux vendeurs d'animaux destinés à la boucherie ; sont également abrogées la loi du 20 mai 1838 et toutes les dispositions contraires à la présente loi.

Dans le but de prévenir ou d'enrayer les maladies contagieuses, le Ministre de la guerre a prescrit de désinfecter les écuries tous les ans.

Le sol de l'écurie doit être lavé à grande eau ; les murs et les boiseries doivent être lavés à l'eau de potasse, puis avec de l'eau phéniquée. L'écurie sera blanchie à la chaux.

Toutes les fois qu'un cheval atteint ou douteux de maladie contagieuse entrera à l'infirmerie, sa stalle et celle de ses deux voisins seront désinfectées. (Circulaire du 2 mars 1883 et note ministérielle du 25 décembre 1887.)

L'autorité militaire doit donner avis à l'administration préfectorale des épizooties qui se déclarent parmi les chevaux appartenant à l'armée. (Circulaire ministérielle du 18 novembre 1886.)

Dans la gendarmerie, dès que la morve ou toute autre maladie contagieuse se déclare chez un cheval, le commandant de la résidence ordonne qu'il soit placé dans une écurie séparée.

Les effets qui servent à le panser restent dans cette écurie.

Il n'est pas conduit aux abreuvoirs servant aux autres chevaux, et il n'est promené que dans un endroit spécial et retiré.

Le gendarme qui le panse ne doit avoir de plaies aux mains ni au visage. Après chaque pansage, il doit se laver les mains et le visage avec du savon.

Les deux chevaux voisins d'un cheval atteint de maladie contagieuse sont considérés comme suspects et placés, si le casernement le permet, dans une écurie spéciale ; ils sont isolés et attentivement surveillés.

Ces chevaux restent ainsi en observation pendant vingt-cinq jours si la suspicion est causée par la morve ou le farcin, et pendant dix jours si c'est par la gale.

Les places que ces chevaux occupaient à l'écurie commune sont aussitôt désinfectées. A cet effet, elles sont grattées, lavées à l'eau bouillante et blanchies ensuite à la chaux.

La litière est enfouie dans le fumier.

Si le vétérinaire déclare, après examen, que l'animal doit être abattu, le commandant d'arrondissement adresse un rapport circonstancié au commandant de la compagnie, qui le transmet au chef de légion, afin d'obtenir son autorisation.

Lorsque les symptômes de morve ou de farcin que présentait un cheval ont disparu, cet animal doit encore subir trois semaines d'observation avant d'être remis en service. Par exception, il est procédé immédiatement, sans autorisation préalable, à l'abatage des chevaux atteints de fractures ou d'hydrophobie constatées par un certificat du vétérinaire. (Art. 85 du règlement du 4 avril 1900.)

En cas de mort ou d'abatage d'un cheval hors du chef-lieu de la compagnie, où le conseil d'administration est chargé de ce soin, le commandant d'arrondissement fait procéder à la vente de la dépouille, et le produit en est adressé au trésorier pour être versé à la masse de l'homme. Toutefois, les chevaux qui étaient atteints de maladies contagieuses doivent être enfouis avec leur cuir. (Art. 86.)

Le commandant d'arrondissement veille à ce que le harnachement, les effets de pansage, les couvertures et autres objets qui ont servi à soigner les chevaux morveux, farcineux ou galeux, soient immédiatement désinfectés ou détruits. (Art. 87.)

Paris et Limoges. — Imp. milit. H. CHARLES-LAVAUZELLE.